Les lettres attachées

DU MÊME AUTEUR

Maple, Stanké, 2022.
Vif oubli, Mémoire d'encrier, 2022.
J'en appelle à la poésie, avec Laurent Pinabel, Les 400 coups, 2021.
La Réparation de mes parents, avec France Cormier, D'eux, 2021.
Ta mort à moi, Stanké, 2019.
La Bête intégrale, Stanké, 2018.
Abattre la bête, Stanké, 2017.
Testament de naissance, Écrits des Forges, 2016.
La Bête et sa cage, Stanké, 2016.
La Bête à sa mère, Stanké, 2015.
S'édenter la chienne, Écrits des Forges, 2014.
Premiers Soins, Écrits des Forges, 2012.

David Goudreault

Les lettres attachées

Textes et réflexions

Libre Expression

Catalogage avant publication de Bibliothèque et Archives nationales du Québec et Bibliothèque et Archives Canada

Titre: Les lettres attachées : textes et réflexions / David Goudreault.
Autres titres: Correspondance. Extraits
Noms: Goudreault, David, 1980- auteur.
Description: Comprend des références bibliographiques.
Identifiants: Canadiana 20230075150 | ISBN 9782764816530
Vedettes-matière: RVM: Goudreault, David, 1980-—Correspondance. | RVM: Écrivains québécois—21e siècle—Correspondance. | RVMGF: Lettres (Littérature)
Classification: LCC PS8613.O825 Z48 2023 | CDD C846/.6—dc23

Édition : Marie-Eve Gélinas
Coordination éditoriale : Justine Paré
Correction : Pascale Jeanpierre
Couverture : Marike Paradis
Illustration de couverture et illustrations intérieures : Irina Pusztai
Mise en pages : Andréa Joseph [pagexpress@icloud.com]
Photo de référence pour l'illustration de la couverture : Karine Dufour
Photos de référence pour les illustrations de l'intérieur :
 pages 7 et 9 : Karine Dufour
 page 24 : Annick Sauvé
 pages 43, 45, 79 et 91 : collection personnelle de l'auteur

Remerciements
Nous remercions le Conseil des arts du Canada et la Société de développement des entreprises culturelles du Québec (SODEC) du soutien accordé à notre programme de publication.
Gouvernement du Québec – Programme de crédit d'impôt pour l'édition de livres – gestion SODEC.

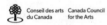 

Tous droits de traduction et d'adaptation réservés ; toute reproduction d'un extrait quelconque de ce livre par quelque procédé que ce soit, et notamment par photocopie ou microfilm, est strictement interdite sans l'autorisation écrite de l'éditeur.

© Les Éditions Libre Expression, 2023

Les Éditions Libre Expression
Groupe Librex inc.
Une société de Québecor Média
4545, rue Frontenac, 3ᵉ étage
Montréal (Québec) H2H 2R7
Tél. : 514 523-1182
Sans frais : 1 800 361-4806

editions-libreexpression.com

Dépôt légal – Bibliothèque et Archives nationales du Québec et Bibliothèque et Archives Canada, 2023

ISBN (version papier) : 978-2-7648-1653-0
ISBN (version numérique) : 978-2-7648-1654-7

Distribution au Canada
Messageries ADP inc.
2315, rue de la Province
Longueuil (Québec) J4G 1G4
Tél. : 450 640-1234
Sans frais : 1 800 771-3022
www.messageries-adp.com

Diffusion hors Canada
Interforum
Immeuble Paryseine
3, allée de la Seine
F-94854 Ivry-sur-Seine Cedex
Tél. : 33 (0)1 49 59 10 10
www.interforum.fr

PROLOGUE

De la scène à l'intime. Un défi en soi, transposer des textes interprétés devant un public et des caméras pour leur offrir une seconde vie dans un livre. Je n'écris pas pour être lu comme j'écris pour être écouté ; l'intention n'est pas la même, le choix des figures de style non plus. Et pourtant, ornés des images d'Irina Pusztai, et parés d'une forme révisée, ces mots que je croyais confinés à l'oralité prennent leur place sur la page.

Le plus difficile dans la préparation de ce livre fut sans doute de relire tous ces textes sans pouvoir les modifier de fond en comble, privé du droit de préciser ma pensée, de la reformuler. Pour chaque texte, à l'exception près, il me fallait coller à la version déclamée ; j'ose espérer que la personne posant le regard sur ces envolées aura envie de tendre l'oreille à nouveau ou de découvrir la performance originale. Faites vos recherches !

Revisiter ces fameuses lettres relevait du court voyage dans le temps, couvrant seulement trois étés, autant de saisons télé, mais d'une longue balade introspective. Plusieurs lettres sont inspirées de proches décédés, d'autres demeurent lourdes de tensions, liées à des enjeux sociaux me préoccupant, certaines ont donné lieu à des rencontres qui ont bouleversé mon existence. Leur permettre de retrouver le public ajoute du sens à ces charges émotives, c'est un nouvel échange, une occasion d'approfondir nos réflexions, de part et d'autre des mots.

Je ne saurais offrir un second souffle à ces lettres sans remercier ceux qui ont permis leur premier élan. Les équipes de l'émission *Bonsoir bonsoir!* et de Radio-Canada ont été généreuses et accueillantes avec moi. Je tiens à les remercier tous, des réalisateurs jusqu'aux techniciens de plateau. Une gratitude particulière envers Hugo Roberge à la production, un soutien indéfectible; Jean-Philippe Wauthier, qui a su désamorcer mon anxiété avec sa légendaire animation désinvolte; Julie et Tony, qui m'accompagnaient musicalement et parvenaient à mettre les bonnes notes sur mes mots; Karine pour les magnifiques photos, Pascal pour la mise en ligne, Vicky, régisseuse au professionnalisme exemplaire, qui versait parfois une petite larme rassurante pour moi.

Dans ces pages, vous ne pourrez pas sentir la panique du soir où le télésouffleur m'a lâché en direct, ni la joie d'émouvoir le public sur le plateau, ni la fébrilité des secondes précédant l'annonce du retour en ondes, mais vous aurez le temps de relire mes vers, de réciter mes lettres ou d'imaginer le timbre de ma voix au détour d'une phrase.

Bonne écoute, bonne lecture.

LETTRE AUX ALCOOLIQUES ET AUX DÉPENDANTS

Salut à toi, l'alcoolique
Salut à toi, la dépendante
Salut à toi, le poudré, le poteux, le toxico
Et salut à toi, qui veux cesser de consommer
Arrêter de boire
Pour la première ou la douzième fois
Tu te prépares peut-être depuis des mois
Ou tu vas te décider sur un coup de tête, ce soir
T'es peut-être juste écœuré d'être écœuré
    de manquer de cœur
Manquer tes rendez-vous, être en manque
Ou tu viens de frapper le fin fond du bas-fond
T'as frappé ton *kid*, ou t'as frappé le poteau du réel
    avec ton char
En tout cas, y est pas trop tôt
Mais y est jamais trop tard

« Je peux arrêter quand je veux »
Facile à dire, quand tu ne veux pas arrêter
Entre être pompette au 5 à 7
Ou se torcher la face de 7 à 5
L'équation est simple
Mais l'heure a sonné, oublie le défi 28 jours,
    c'est 27 jours de trop
Un jour à la soif, un jour à la fois
Et même une heure à la fois s'il le faut

Si tous naissent égaux
Y en a qui ont plus d'égo que d'autres
Front de bœuf, tête de cochon
On est bons pour tout saboter
Ce ne sera pas facile, ce sera pas magique
OK, ta détresse est exceptionnelle, t'es unique,
    mais t'es pas seul
On est des millions qui luttent, qui cherchent à
    survivre, éviter la rechute
Et moi le premier, dépendant, alcoolique non pratiquant
Depuis douze ans, sept mois et onze jours
Sans une goutte
Et la bouteille me guette, encore
Le vaste vide chevillé au corps, j'avance comme je peux
C'est mieux que c'était, mais c'est loin d'être parfait
Tu sais, quand on consomme, la vie c'est vraiment roffe
Mais je te jure, quand on arrête de consommer,
    la vie c'est vraiment roffe !
Mais moins, pour tes proches déjà, qui ont pus besoin
    de te ramasser
Pis de ramasser tes dégâts
Qui peuvent recommencer à te faire confiance
Y a tellement de promesses que t'as pas tenues

T'as l'air d'une cible pour le climat, des bonnes
    intentions de l'ONU
C'est moins pénible pour ton corps aussi, pour ton
    compte en banque
Pour ton employeur, tes amis, tes voisins, tes amours
    et ta face dans le miroir
Tu vas voir… plus clair

Tranquillement, tu vas reprendre le dessus
Arrêter de dormir debout et recommencer à rêver
Mieux, tu vas réaliser tes rêves
Aller au bout de tes études, tes projets, tes relations
    ou tes poèmes à la télé
Tout est possible, dans nos rangs de résilients,
    on compte un paquet de génies
De Churchill à Marguerite Duras
En passant par Edgar Allan Poe
T'es pas ta folie, ni tes fautes, ni ta maladie
Ça explique, mais ça n'excuse rien
T'es responsable de ce que tu fais avec
Pas évident de dégeler à frette
Va chercher de l'aide, un peu de chaleur humaine
Garde l'esprit ouvert, rentre en thérapie fermée
Ou va voir un psy (chologue, chiatre ou chopathe)
Va te rencontrer dans un sous-sol d'église,
    chaises en plastique, café gris
Et tout l'accueil des NA, AA, GA, CA, etc.
Prends tous les moyens possibles pour soigner ton
    cœur, ta tête et ta dépendance
T'es plus belle que tu penses
T'es plus beau que tu crois
Et si un jour nos routes viennent à se croiser
Ça me fera plaisir de ne pas prendre un verre avec toi !

Je garde la meilleure pour le commencement. De toutes mes lettres, c'est ma préférée, celle qui aura le plus fait œuvre utile, et qui résonne encore. Des mots pour mes frères et sœurs alcooliques et dépendants, pour ceux qui se font la vie encore plus dure qu'elle ne l'est, celles qui traversent le purgatoire du quotidien sur les genoux, le vent dans la face, sur des kilomètres de fatigue. On peut vivre sans consommer, je tenais à vous le dire.

Depuis quinze ans, j'accumule du temps d'abstinence et un peu de rétablissement. Pas une goutte, ni une ligne, ni une poffe de quoi que ce soit. Conscient à temps plein. On fait quinze ans comme quinze jours, un jour à la fois. Mais quinze ans, c'est plus facile à faire que quinze mois, qui sont déjà plus aisés à cumuler que les quinze premières semaines. Les premiers jours, il faut parfois prendre l'épreuve à coups de quinze minutes...

Le rétablissement, ce n'est pas d'aller bien, c'est de bien réagir quand ça va mal. Ce qui me semble évident aujourd'hui a pris du temps à mûrir en moi, je me suis battu longtemps contre le désir d'être normal, de ressentir le monde comme les autres, de me débarrasser de ma sensibilité et de la déréliction qui me tord le cœur, encore aujourd'hui. Je n'espère plus le bonheur à tout prix, j'aspire à la paix, simplement ; je veux me rapprocher de cette drôle de patente abstraite nommée sérénité. J'y arrive parfois. Ça passe souvent par la gratitude et le soutien d'autres dépendants. Je me reconnais en eux. J'espère qu'ils se reconnaissent en moi, et que cette lettre permettra de faire un premier pas hors de l'enfer pour ceux qui ont encore les pieds dedans.

Après quinze ans, je pourrais peut-être prendre une petite bière comme tout le monde. Peut-être, mais je pourrais aussi en prendre douze, prendre le volant et reprendre le chemin de la dépression du même élan. Pourquoi aller vérifier ?

Arrêter de consommer a été, de loin, la meilleure décision de ma vie. Écrire cette lettre était une bonne idée aussi.

LETTRE AUX PETITS GARS

Ti-gars, je veux te donner de l'amour
Ça brasse pour toi, pour nous, ces temps-ci
Turbulences, douleurs de croissance
Et remises en question
De nos relations avec les femmes
Je veux pas parler en leur nom, d'autres l'ont mal fait
    mieux que moi
Je veux te parler de gars à homme, d'homme à fils,
    frère, neveu ou chum
Sans tomber dans les jokes de cul, je veux qu'on sorte
    de nos cages
De la Cage aux sports comme de la cage thoracique
Un tiens vaut mieux que deux tu l'auras
Mais deux couilles valent moins
Qu'un cœur à la bonne place

Je ne suis pas un exemple, mais laisse-moi t'en donner
Quel genre de modèle on nous propose ?
Des joueurs de hockey qui s'imposent sur la glace
Des batailleurs MMA qui s'imposent sur le ring
Des rappeurs un peu misogynes qui s'imposent dans
    le *game*
Les superhéros qui règlent tout à coups de poing
Pas simple, d'aller te dire d'être sensible et en contact
    avec tes émotions
Mais entre Ironman, Rocco Siffredi et Josélito Michaud
Il y a un large spectre, une vaste palette de mecs à être
Complexe, peut-être, mais tu peux être
Sans écraser l'autre
On peut sortir du vieux moule pourri de l'homme fort
    à tout prix
On se les fait mettre dans la face
Nos erreurs et nos errances
C'est roffe, mais y a eu trop de viols, trop de violence
On doit se mobiliser, tant que la sécurité ne sera pas
    un bien commun
Pour toi comme pour elles
Ça t'enlève rien, tsé, ça va juste embellir le monde,
    pour tout le monde
T'as le droit d'être qui tu es, de tripper sur les camions,
    les outils, les lutteurs
T'as le droit d'avoir un pénis
T'as le droit d'avoir envie de t'en servir
D'éprouver du désir et de le nommer
Mais tu ne peux pas imposer tes fantasmes,
    ou toucher sans consentement
Et tu ne peux pas envoyer des photos de ta graine
Si on ne te le demande pas explicitement
Même si t'as la plus belle graine de Saint-Hyacinthe

Garde ton petit miracle dans tes bermudas, ti-gars
Pis accepte qu'on te dise non
Apprends à différer la gratification
Et vivre avec la frustration, même la détresse

« Mais les gars se suicident quatre fois plus »,
    rétorques-tu !?
Attends, on revient à la violence, encore
Les femmes vivent pas moins de détresse,
    elles meurent moins de leurs tentatives de suicide
Nuance ; leurs moyens pour passer à l'acte
Sont moins radicaux
Nous, on tue, comprends-tu ? Sans retour possible
On SE tue, et on tue trop, beaucoup trop
Pour une seule tueuse, tu as 148 hommes
    aux mains pleines de sang, ça n'a pas de sens
Les femmes sont pas parfaites, mais c'est un fait :
    nous tuons davantage
Nous frappons plus souvent, nous assassinons
Pis y est temps qu'on s'inquiète
Qu'on se ramasse entre gars
Qu'on se brasse, pour se dire plus jamais ça
Plus jamais dix féminicides en quelques semaines
    au Québec
Ce n'est pas digne de la beauté des hommes
De la bonté de la majorité d'entre nous
Mais le danger est là, c'est aussi ça, les hommes, ti-gars

Faque si tu sens monter cette violence, si t'es pour
    frapper, pour tuer
Sacre ton camp, décrisse le plus loin
Le plus vite possible
Tu as le droit de le ressentir, t'as pas le droit de l'agir

Va crier, va demander de l'aide ou te perdre dans le bois
Serre les dents plutôt que les poings
Sers-toi de ta tête quand ton cœur se brise
Serre-moi dans tes bras, range ta corde, range ton *gun*
Serre-moi dans tes bras, hurle pis braille, braille fort
Fort comme un homme
Mon gars

Est-ce que je le regrette ? Non. Est-ce que je le referais ? Jamais. Ce texte m'a coûté trop cher de quiétude et d'illusions. Avec 4 millions de vues en quelques jours, je me doutais qu'il susciterait toutes sortes de réactions, mais je n'en soupçonnais pas la violence. D'un côté, des menaces de mort et d'agression physique : « C'est ton sang à toé qui va couler. », « T mieu de prende rv avec un dentiste. », « Ça existe pas le mot féminicide crisse de cave, tu veux-tu voir c'est quoi un meurtre ? » De l'autre bord, les pires insultes et procès d'intention. Peu importait le message, il fallait abattre le messager. Je l'ai mal vécu, et j'ai mal réagi ; plutôt que de laisser passer la crise, j'ai jeté de l'huile sur le feu. Ça, je le regrette.

Je considère toujours que le droit à la sécurité des femmes est une lutte à mener. Ce sont elles qui meurent aux mains des hommes, rarement l'inverse. Donc, assurer leur sécurité d'abord. Et outiller les gars, qui peuvent devenir plus dangereux mais ne sont pas plus mauvais pour autant. Vérité importante. L'éducation et les modèles comptent, la testostérone et la génétique aussi. On doit accompagner les gars dans la gestion de l'agressivité, qu'elle ne devienne pas violence. Le potentiel violent, le passage à l'acte meurtrier habite davantage les hommes. C'est une réalité scientifique. En être conscient peut prévenir le pire.

Malgré les menaces, les insultes et autres couleuvres à avaler, je suis heureux que le texte ait pu être utile ; il a trouvé son chemin. De nombreux jeunes hommes se sont sentis interpellés, un policier de Longueuil ayant dû intervenir sur les lieux d'un féminicide y a vu un pas dans la bonne direction, une ado ayant perdu sa mère aux mains assassines de son beau-père m'a offert un témoignage courageux, des organismes d'aide pour les hommes violents utilisent la vidéo ; elle est même devenue un outil d'intervention dans une ressource de Port-au-Prince, en Haïti. Une brique à l'édifice.

Surtout, ce texte s'inscrit dans ma relation avec Geneviève Rioux, que j'accompagne dans ses démarches littéraires et juridiques depuis plusieurs années. Une survivante, dans toute l'essence du terme. Le texte a résonné pour elle et ses proches. Depuis, nous avons réussi à faire publier son premier recueil, et elle m'a accompagné sur le plateau, pour faire entendre ses propres mots.

***SURVIVACES*, AVEC GENEVIÈVE RIOUX**

David

Une respiration, un second souffle. Par le regard que tu poses sur ma fille de sept ans, quand tu lui expliques le droit de se défendre, de frapper et de mordre pour se protéger, s'il le faut ; quand tu lui montres ce qu'il en coûte, le doigt glissant au long d'une cicatrice, le sourire aux lèvres ; quand la victime en attente de justice s'efface derrière la guerrière pédagogue. Tu m'élèves aussi.

Depuis plus de quatre ans, tu m'offres la chance de contribuer à une prise de parole majeure dans notre paysage littéraire. Ta confiance dès les premières rencontres, le récit de quelques centaines de pages, les heures passées à m'expliquer les tenants et aboutissants d'une enquête criminelle, les impacts sur ta famille, tes études, ton quotidien, ton corps. Cette phrase au poing, dans le blanc des yeux, entre deux cafés : « À quel point tu crois à mon histoire, David ? » Au point de tout faire pour qu'elle soit entendue.

Alors que l'époque appelle aux divisions, tu nous extrais des concepts délétères. Tu interpelles l'altérité, tu crées la brèche. Tes choix cautérisent le tissu social, autant de points de suture sur nos fragiles lendemains. Poème par poème, tu apparais. Tu traces ta voie à mains nues. Chapitre par chapitre, ton récit est toujours en chantier. Si dix-huit coups de couteau ne t'ont pas arrêtée, rien ne le pourra, désormais.

Tu écris les codes de ta propre reconstruction, sans hargne ni raccourcis, habitée seulement par le juste droit d'être entendue, lue, écoutée. Je nous souhaite ta poésie, Geneviève.

Geneviève

Ma parole pour toutes
Celles qu'on a tues
Celles qu'on a tuées

Avant-goût de métal
Je me délie la langue
Dominée, indomptable
À qui la cage, à qui la cage ?

Tu m'as traquée, tracée
Tu m'as raté le féminicide

On se défend
De se fendre
Violées
De mère en fille
Survivaces
De fille en mère
Des atrocités humaines
Attenter à nos vies, miner nos dignités
Même équation aux quatre
Creux du monde

Je n'ai sauvé que moi

Ta pulsion, la mienne
Plus forte encore
Ma mort
Ou à peu près
Ma mort
D'une minute ou dix

Ma mort
M'a sauvé la vie

Je suis
La cicatrice des
Cicatrices

Qui meurt
Au moment de
Tuer ?
À l'instant
Quel masque portes-tu
Quelle souffrance te ronge, t'engouffre
Qui serres-tu dans tes bras
Comme mon cou ?

Dans quel trou
Enfouis-tu inassouvies
La faim, la soif d'assassiner
Sur qui vas-tu varger
La prochaine
Fois ?
La liberté des unes
Commence là où s'arrête
Celle des violeurs, tueurs
Toi

La peur plombe
Des deux bords
Où te caches-tu ?

Pas dans le garde-manger
Ni dans la garde-robe

Parqué dans le garde-fou
De ton déni, peut-être

La chienne, ta chienne
Pissou

Pas pu te
Pointer du doigt te
Cracher à la gueule

Jeu d'enfant
La fantaisie se sublime
Je fesse ta face piñata

À coups
De batte
À coups
De batte
À coups
De batte
De baseball

Semences en confettis
On a planté des vivaces
Fait fleurir ta laideur

Ça valait la peine
Je ne changerais rien
À mon courage
J'ai du souffle
Pour ne pas crever
Sous les cicatrices
Mes amours

Debout, je deviens
Un printemps
Je t'enterre
Et reviens
À elles

Survivaces

J'ai vu Elyjah combattre deux leucémies, s'adapter aux nombreuses séquelles, survivre et garder le sourire. J'ai vu Martin arrêter de se piquer à la cocaïne pour être présent et élever ses filles. J'ai vu Anick laisser le cancer derrière et aller de l'avant avec son œuvre. J'ai vu Galaad perdre la vue mais trouver le rétablissement. J'ai vu Jean-Michel sortir du pénitencier, un récit sous le bras, pour ne jamais y retourner. J'ai vu Karine perdre sa mère dans les flammes de Mégantic et mettre en mots une gigantesque ode à l'amour par-delà les deuils. J'ai vu Raphaël être défiguré par des chiens, mais demeurer un homme magnifique. J'ai vu Yvan, Vivianne, Michel et Pierrot me tendre la main et incarner l'immense écart qui sépare l'humiliation de l'humilité.

La résilience existe, les printemps reviennent.
Vous verrez.

OUI, MAIS MAI

Le bonheur, c'est un biscuit fondant
Aux pépites de gravier
Tout est une question d'appétit
Apprendre à goûter le sucre dans le sang
Admirer les étincelles sur fond gris
Même édenté, garder le sourire
Un feu de joie, un brasier sous les engelures

Je devine les ruptures, les adieux
Les fonds de pénitenciers, les corridors de Sainte-Justine
Les cœurs gros et nos paumes vides
Les promesses qui passent par la fenêtre
Et les valises sur le bord de la porte
Je sais tout ça
Oui, mais mai revient

La vie est belle, cruelle et injuste
Par bouts, la tienne le sera aussi
Arrache tout ce que tu peux
Aux mâchoires de la fatalité
Le malheur, c'est oublier de ramasser ses miettes
De rires et d'amour
Après les poignées de garnotte avalées de travers

Nos corps et les grands empires s'effondrent
Les plus belles nations meurent
On veut déjà nous arracher la langue
Trop tard moins quart
Leur été sera notre automne

Et nul ne manquera d'hiver
Les tempêtes trouvent leur chemin
De moins en moins de printemps entre nos mains
Il nous glisse déjà entre les doigts
Le monde, un glacier en larmes
Demain la mort, dehors novembre
Oui, mais mai revient, encore

Même si elle a les dents toutes pourries
Faut pas se détourner quand la chance nous sourit
Boude pas ton plaisir, et ta détresse non plus
Embrasse tout à pleine bouche
Hier, demain était encore à venir
Ce jour est une denrée rare et périssable
Carpe diem, YOLO pis toute la patente
Tu le sais pas, tsé
Y a peut-être un cancer qui te gruge en cachette
Les impôts qui te montent un dossier
Une vieille dette qui compte les intérêts
Dans ton dos, t'as déjà toute la coutellerie de Ricardo
Mais si tu tiens debout, tiens ton boutte !

Bricole du mai en douce
Prends ta place, fais-toi des cadeaux
Y en aura plus de surprises
Au fond des boîtes de céréales
Pis dans le fond du quotidien non plus
Faut gosser nos petites joies à la main
Rien laisser passer, s'entraîner l'émerveillement
Croiser nos routes et les doigts, s'espérer de l'exception
Personne n'est à l'abri d'un grand amour
Un coup de chance, un éclair de génie
On va se botter le cul aux pieds de vent

Se prémunir des laideurs ordinaires
Quitte à faire le deuil des vivants
Février sous le talon, dégeler à temps plein
Attends rien, tout se peut, tout s'épuise
Le bon moment ne viendra jamais
Oui, mais mai est revenu
Et toi aussi

« Ce que tu es, je l'étais, et ce que je suis tu le seras. »
Cet aphorisme est un rappel : nous sommes plus
près de nos aînés que nous l'imaginons. D'ailleurs,
nous sommes tous à quelques décennies de l'être
nous aussi, âgés. Pourtant, sous couvert de négligence, de quotidiens surchargés, d'âgisme socialement acceptable ou de supposés fossés générationnels, on tient nos vieux à l'écart.

Dans les parcs, les cafés, les centres commerciaux ?
Je les vois de moins en moins. Dans les séries, les
livres, les films ? On les retrouve surtout dans des
rôles secondaires, pour incarner des vieux avec des
problèmes de vieux. C'est une véritable préoccupation pour moi, je l'ai exprimée dans mon roman
Maple, où des sexagénaires, des septuagénaires
font l'amour, se vengent, croquent dans la vie avec
toutes les dents qu'ils ont encore ; une octogénaire

s'accroche à sa maison, s'obstine dans la dignité. J'irai plus loin, la prochaine fois. J'ai bien envie de mettre en scène une centenaire en pleine forme, prête à botter des culs!

La pandémie a révélé un grand paradoxe de notre société : il faut absolument soigner les aînés, éviter leur mort à grands coups de campagnes de vaccination et de confinements généralisés, mais au quotidien, beaucoup sont laissés dans l'isolement, dans des résidences ou des CHSLD sans animation, sans stimulation intellectuelle ou culturelle. Ça vaut quoi, la vie, quand il n'y a pas de vie dedans?

Avec la population vieillissante, dont nous grossirons bientôt les rangs, se poseront plusieurs questions éthiques, économiques et sociales. Espérons que les aînés auront voix au chapitre, qu'ils écriront un bout de ce tournant de l'histoire, plutôt qu'être maintenus dans la marge. La fougue de la jeunesse ne saurait se priver de leur discrète sagesse.

LETTRE AUX AÎNÉS

Qu'on vous appelle nos aînés, les vieux
Ou plus probablement
Qu'on vous appelle… pas souvent
Cette lettre d'amour est pour vous
Qui êtes aujourd'hui ce que demain nous serons
Qui étiez hier ce que nous sommes

La vieillesse est un automne
Les feuilles, comme les amis et l'avenir, tombent au sol
Révèlent la structure de l'arbre, le cœur de l'être
Si les jeunes ont toute la vie devant, les aînés ont toute
    leur vie en dedans
L'humilité aussi, ils ne gueulent pas leur sagesse,
    n'imposent pas leur savoir
Même après avoir vécu, survécu
    aux crises économiques, crise d'Octobre
Crise d'Oka, crise du verglas, crisse de Covid, etc.
Ils demeurent discrets, elles demeurent modestes
Ils nous regardent nous épivarder avec nos vieilles idées
Et nos conneries modernes
Ils savent bien qu'on fait ce qu'on peut
Peut-être qu'ils ne feraient pas mieux, on leur en
    reproche déjà beaucoup
« Faites de la place, colonisateurs, OK *boomers* »,
    et autres formes d'âgisme de bon ton
A posteriori, trop facile de condamner ; « Nous ne
    ferons plus les erreurs du passé ! »
Évidemment, vu qu'on a les deux pieds dans les
    erreurs du présent

Demain, c'est loin, mais pas tant
L'isolement, la fraude et la maltraitance nous pendent
    au coin des rides
Quand nos calendriers se remplissent, nos existences
    se vident
Le regard quitte les yeux, du crâne coule le visage
Le visage perd la face, déjà vieux
Le monde se coupe, d'autre monde s'occupe de nous
Nous consulte de moins en moins sur nous-même
Même, nous devenons socialement exceptables

Alors ils se tassent, les vieux, se laissent entasser sans
    faire de bruit
Ils ne veulent pas causer de problèmes
Si jeunesse savait ce que vieillesse pourrait
De l'intelligence relationnelle, des histoires,
    un rythme plus humain
De la mémoire vive et vivante
Pour nos logiciels et notre logique souvent défaillante

Moi, je les trouve faciles à aimer, les aînés
Va pas croire que tu m'insultes
Si t'insinues que j'ai un public de vieilles matantes
Sont drôles et brillantes, tsé, tes matantes
Mais sais-tu que dans mes fans y a aussi ta petite cousine
    et ta femme ?
De toute façon, le temps ne fait rien à l'affaire, y a des
    ados vieux cons
De jeunes génies en marchette et des gamins grabataires
Alors amenez-en des Francine Ruel, des Janette Bertrand
Des Michel Tremblay, des Joséphine Bacon
Et des Gilles Vigneault
Il en manque plein nos écrans
Que votre parole ne se perde pas dans l'écho des
    pensées creuses
Vous êtes loin d'être cons, loin d'être des colons
Vous êtes les colonnes d'un temple qui abrite encore
Quelque chose comme un grand peuple

On ne se contera pas de menteries
Vieillir comporte son lot de désagréments
Et de désagrègement
Mais entre les os qui se fragilisent,
    la vue et l'espérance de vie qui baissent

Il reste les bons moments, l'amour vécu, les enfants
Les luttes gagnées, et celles à mener
La richesse est dans le cœur,
    mais la fortune est dans la tête
Par les liens, les valeurs partagées
L'histoire que l'on porte
Et tout ce qui nous porte à vivre
Le jour est jeune, encore
Quand l'esprit veille, l'âge dort

Ma grand-mère était tireuse d'élite. Sur le plan verbal, je dois le préciser. Elle n'a probablement jamais tenu un fusil chargé, mais ses mots touchaient toujours la cible. Au bout de la table, elle nous observait, de son œil clair et rieur, sans mot dire. Elle nous laissait débattre, argumenter, mais quand elle prenait la parole, lorsqu'elle y mettait son grain de sel, ses mots étaient lourds de sens.

Gisèle ne parlait jamais en vain, et se plaignait très peu. Aussi, quand elle m'a dit qu'on se voyait pour la dernière fois, qu'elle sentait qu'elle allait mourir dans les jours à venir, je l'ai prise au sérieux. Âgée, oui, mais autonome et n'ayant aucune maladie mortelle. J'aurais pu douter de son pressentiment, mais non, je savais qu'elle disait vrai. Nous avions tous deux les larmes aux yeux. Sans doute un des moments les plus solennels de ma vie. On s'est dit qu'on s'aimait, on l'a ressenti, surtout. Puis elle m'a demandé de lui écrire une lettre, une belle lettre.

Quelques jours plus tard, elle est décédée. On ne pourrait souhaiter une mort plus douce. Et elle la méritait. En paix, dans sa chaise berçante, les photos et les dessins de ses arrière-petits-enfants à côté d'elle. Elle est partie durant la sieste, sans même s'en rendre compte. Le téléphone, à portée de main, toujours sur son socle.

Aux funérailles, j'ai lu une première lettre, écrite à chaud, peu de temps après son décès. Mais j'avais un bonbon pogné dans les dents et un motton dans la gorge. Surtout, je n'avais pas trouvé les bons mots. La belle lettre qu'elle m'avait demandée, ce n'était pas celle-là. J'allais me reprendre, quelques mois plus tard…

GISÈLE EN JUIN

« Tu vas m'écrire une belle lettre, hein, David ? »
Tu tenais à peine debout, me tenais la main
Tu étais triste, triste et belle comme une vérité
L'Atlantique au bord des paupières, tu m'as dit :
« Je pense que c'est la dernière fois qu'on se voit. »
Y avait pas de raison, les os te cassaient à l'occasion
La hanche puis le poignet
La mémoire prenait parfois congé
Rien de fatal, pourtant tu sentais la mort venir
Ou partir, la vie

C'est déjà un bon score, 93 ans
Mes flos s'amusaient dans le corridor
Tu leur as donné ton dernier bisou, l'ultime câlin
Ne te restait plus qu'à me prédire ton départ
Me demander un dernier service
« Tu vas m'écrire une belle lettre, hein ? »

Tu me répétais toujours : « Tu parles don' ben bien ! »
Tu m'enregistrais, m'écoutais à la radio, à la télé
Mes poèmes te semblaient si beaux
Même plus beaux que le petit Wauthier
Et pourtant, tu le trouvais beau en ti-pépère,
    ce monsieur-là
Pas autant que Michel Louvain, mais pas loin

À Trois-Rivières-Ouest, dans ta maison
Que l'homme de ta vie a bâtie de ses propres mains
Souvent, tu m'as gardé ; surtout, tu m'as regardé
Tu nous accueillais, nous berçais
De ton grand rire aux yeux clairs
Depuis ton premier fils, mon père, adopté de justesse
Au mien tout métissé, et ma fille, blottis, au chaud
Dans ton esprit et tes bras ouverts
Pour nos blondes colombiennes, africaines
J'en ai même eu une de Shawinigan, une fois
Tu l'aimais quand même…
Les liens du sens avant ceux du sang
L'amour et le cœur à la bonne place
Au creux de la main

Un an déjà, mais souvent je sens ta présence
Tu m'accompagnes, me protèges
Des oiseaux de malheur posés sur les nids de vipère

Ton souvenir me rappelle que tout passe
Et qu'on peut se passer de bien des choses
On s'en sacre pas mal, au fond,
    des applaudissements et des revenus
Tant que nos amours, nos enfants
Et leurs enfants à leur tour
Partent, pour mieux nous revenir

Moi, je reviens de Disney avec mes petits
Entre la grande roue, les mascottes et les triporteurs
On est allés te cacher un bricolage
Dans la maison des poupées
Tu vas tourner dans ton manège préféré
Pour quelques décennies
Ne me restait plus que cette lettre à t'écrire
Juste une promesse dans le cadre de porte
Mais un homme sans dettes est un homme riche
Alors je m'en acquitte

Voilà, je l'ai écrite ta belle lettre, Gigi
Considère qu'on est quittes
C'était une lettre d'amour, pas une lettre d'adieu
Ceux qu'on aime nous habitent, nous animent
Ce n'est pas la mort qui nous prend
Juste le corps qui nous quitte

Il y a vingt-cinq ans, dans notre album de finissants, tu m'as écrit : « Bonnes vacances, David, mais tu me dois une bière à l'après-bal… Je t'ai tellement prêté de crayons, les manges-tu, crisse ? »

T'étais drôle, mon chum, pis je te dois beaucoup plus qu'une bière à l'après-bal. On s'était perdus de vue quelques années, mais tu es revenu dans ma vie par la grande porte. Tu souffrais déjà depuis un bout. Des ennuis de santé, physique et mentale, des idées noires persistantes, de l'anxiété qui te grugeait le cœur. L'espoir se faisait rare, mais tu reprenais le dessus chaque fois. Je croyais que tu verrais le bout, que tu trouverais une issue, qu'un bon gars comme toi ne pouvait pas mourir de désespoir…

Plus on juge, moins on aime. Je n'ai pas envie de t'en vouloir, pas envie d'être en colère contre toi, contre le système ou contre la vie. C'est injuste, la vie. La mort aussi.

J'aurais voulu que tu vives encore. C'est égoïste, parce que pour toi, vivre encore, c'était juste souffrir plus longtemps. Tu as tout essayé : les médecins, les psys, les médicaments, l'entraînement, tu as voyagé, tu as écrit, tu t'es confié à tes amis, tu as fait tout ce que tu as pu pour rendre ta vie plus vivable. Je ne sais pas si j'aurais pu endurer la moitié de ce que tu as dû traverser. Personne ne le sait. Et personne ne peut rendre compte des efforts que tu as déployés pour survivre, pour donner du sens à une existence qui en avait de moins en moins. Entre l'anxiété, la dépression, la pression sociale, c'était dur pour toi. Et tu avais ce regard encore plus dur sur toi-même.

Tu te trouvais laid, mais je crois sincèrement que tu étais un plus bel humain que je ne le serai jamais. Peut-être que ta souffrance te rendait perméable à celle des autres ; jamais je ne t'ai entendu dénigrer quelqu'un, tu cherchais à comprendre, tu t'informais. Même éteint par en dedans, tu restais allumé, drôle, cultivé, sensible.

Tu me parlais de tes proches avec amour, tout le temps. C'était le plus important pour toi : ta mère, ta sœur, tes neveux, ta famille, tes vieux chums du skate et tes nouvelles amies du crossfit, tes collègues de la job ; du monde d'univers complètement différents, mais qui se liaient d'amitié avec toi, parce que tu es et tu resteras un bel humain, à jamais.

Tu avais de la misère à te regarder en face, tu te trouvais laid à la face du monde, mais laisse-moi te le dire, Fred, c'est le monde qui s'est enlaidi par ton absence.

LETTRE À LA MALADIE MENTALE

Chère, très chère maladie mentale
Chère dans le sens d'une dizaine de milliards
    de dollars par année
Juste au Canada, avec l'absentéisme que tu causes
Chère en pilules aussi, des millions de doses pour
    faire fonctionner le monde
Dans un monde qui ne fonctionnerait plus sans ses
    Xanax, Seroquel, Ativan
Et chère en bonheur perdu, en amis pendus
T'en connais toi aussi, t'en as connu, près d'un millier
    au Québec chaque année
Combien encore sont tout brisés par en dedans,
    mais tiennent debout
À bout de souffle, à bout de bras
Pour combien de temps ?

Quand même le gouvernement
Te demande si ça va bien
Tu sais que ça va pas…
Si t'es pas PDG de la SAQ ou d'une usine
    de plexiglas

Y a de bonnes chances que t'en aies plein le cul,
    ou plein le masque
Sous les arcs-en-ciel délavés d'un automne de trop
À la tonne, on a tous et toutes le mental un peu éprouvé

Paraît qu'il faut dire trouble de santé mentale
Plutôt que maladie
Mais quand je vois le mal que tu fais
Les rêves que tu détruis
Je me dis que ton petit nom change rien aux ruines
    que tu laisses derrière toi
Trouble, maladie ou folie ; tu nous joues dans' tête
    pour mieux nous briser le cœur
Mais on peut te contrer, un peu, te détabouïser
Accueillir les fous, les fêlés pleins de lumière
Les coucous, les usagers ou bénéficiaires
Mettre de l'amour et de l'humour dans nos services,
    qu'ils restent fiers
D'être, et d'être à part, et à part entière

Mais attention
Ne souffre pas de maladie mentale qui veut
Ne suffit pas de vomir sa haine sur Internet
Pour mériter le titre de psychopathe ou de mythomane
Il ne faut pas confondre un coup de déprime et une
    dépression majeure non plus
Si ton chum te laisse pour ta sœur et qu'il ne te laisse
Que la gonorrhée
Et cent mille piasses de dettes en partant
C'est correct de feeler moyen, pour quelques jours
Pis si tu te réveilles parce que ta maison brûle
Et que deux néonazis cagoulés te menacent avec un
    lance-flammes en ricanant

Ta petite palpitation cardiaque, c'est pas de l'anxiété,
    c'est de la peur
Je te dirais que c'est une réaction pas mal normale
Pis si t'es jamais capable de te décider
Que tu dis une chose et son contraire
Dans la même journée
T'es pas psychotique, t'es juste un ministre en train de
    gérer une pandémie

Dans tous les cas, si la détresse persiste, insiste,
    s'incruste dans tes tripes
Te pourrit la vie par en dedans
Au point de crever à petit feu
Au point de mourir un petit peu chaque jour
Appelle à l'aide, débarque à l'hôpital,
    au Ciusssususus ou au poste de police
Crie-le, écris-le que t'en peux pus
Montre-le que t'es fracturé de l'esprit
Pis exige des services de qualité, y en a
Et à force d'en demander, y en aura encore plus

Lové contre toi, maladie mentale, au quotidien
Je te sais capable de révéler en nous
Ce qu'il y a de meilleur
L'humain fait partie de ces choses qu'il faut parfois
    briser pour en voir le cœur
Alors plein d'admiration pour tous ceux qui se
    relèvent après une rechute
Pour toutes celles qui ne laissent pas leur TPL
Ruiner leurs relations
Pour ceux qui prennent leur dose
Respectent la posologie
Et qui osent dire non au verre ou à la poffe de trop

Pour les parents nouveau-nés
Qui ne laissent pas leur trouble d'attachement fucker leurs enfants
Ou l'amour qu'ils ont à leur donner
Je lève mes vers à tous ceux et celles qui savent qu'on peut avoir une maladie
Et être en bonne santé quand même
À vous, mes proches, qui me rappelez que ça n'arrive pas juste aux autres
Si un jour j'entends des voix
J'espère que ce seront les vôtres

LETTRE AUX MAL-AIMÉS

On n'a pas besoin de toi
Mais toi, t'as peut-être besoin d'une lettre d'amour
Aux mal-aimés
Aux poqués, habitués de manger de la misère
Et des pâtes
Même que parfois, il manque de pâtes
Aux mal-attentionnés, qui ont manqué d'intention
Aux derniers choisis de la classe
À celle qui se met en équipe avec elle-même
Toujours un peu à part, à la table des petits
Au bureau des psys, à traiter le syndrome de l'exclu
Comprends-tu ? On n'a pas besoin de toi !

Aux maladroites, aux malagauches
À l'extrême centre, pelleteux de nuages
    qui se perdent dans les nuances

Qui retrouvent leurs idées dans aucun parti
Celles qu'on maltraite, ceux qu'on traite de conspis
Qui s'inquiètent sur le Net
Ou dans les convois de camions
Et qui gardent cette drôle d'impression
Qu'on se fout de leur angoisse et de leur gueule
Qu'on a le vertige à force de les regarder de haut
Vous n'avez pas tort, pour vrai, *c'est très pas faux*...
On n'a pas besoin de vous !

Celle qui met tellement d'eau dans son vin, que ça
    goûte pus rien
Celui qui manque de dope ou de dopamine passé midi
Ceux qui peinent à se relever entre deux rechutes
Celles qui font leur temps, ceux qui le perdent
En dedans
Donnacona, Joliette ou Bordeaux
Derrière le petit écran, les préjugés ou les barreaux
Aux séparés de la pandémie, aux ignorés de la CPU
Aux artistes, travailleurs autonomes
Qui ont tout misé sur l'effort, et qui ont tout perdu
Ceux qui s'ouvrent le cœur, même si on crache dedans
Celles qui font plein de fautes en écrivant leur détresse
Ben non, Cynthia, « Se matin, sa vas vraiment mal »
Ça ne prend pas trois « s »
Hey, on n'a pas besoin de toi !

Ceux qui se trouvent trop communs
Vie beige, 5 pieds 7, les yeux bruns
Toujours bon dernier, qui rêverait juste une fois
D'être numéro un...
Ou deux ou trois ou quatre au pire !
Pis toi qui fais un pas de trop, un pas de travers

T'as oublié de te prendre au sérieux
Entre deux bons livres, t'as écrit un mauvais couplet
Attends un peu, je connais le refrain
Passe la caravane et jappent les chiens
Si tout va mal, tout ne peut qu'aller mieux
Mais y a des matins où l'horizon
Ne voit pas plus loin que le bout de son néant
Reste couché, passe ton tour, passe pas Go
Réclame rien
On n'a pas besoin de toi !

Tes deuils sont trop lourds, tu pues l'injustice
T'as perdu ta joie de vivre
Quelque part, dans un corridor de Sainte-Justine
Dans les bras d'un monstre, au fond d'un bar
Attends, reprends ton souffle, ça va passer
Pis si ça passe pas, souffre, mais ne va pas te passer
Crève pas pour rien, meurs pas pour eux
Va pas te pendre au bout de ton chapelet d'échecs
Tu ne sais pas de quoi demain sera refait
Personne n'est à l'abri d'une bonne idée
D'un grand amour
Paraît qu'on peut même apprendre à s'aimer soi-même

On n'a pas besoin de toi
On a déjà mille suicidés par année
Au Québec, plus ou moins trois par jour, chaque jour
Un suicide toutes les quarante secondes dans le monde
Les cadavres du désespoir en surnombre
On n'a pas besoin de toi
Attends, vis encore un peu, plus fort
Moins mal, autrement
Mais ne te tue pas

Peut-être que tu l'oublies, ou qu'il te reste à le rencontrer
Mais quelque part, quelqu'un a besoin de toi !

Je suis travailleur social. Avant d'être écrivain, j'ai œuvré de nombreuses années dans un Centre d'aide aux victimes d'actes criminels et dans un Centre de prévention du suicide. Évidemment, rencontrer des centaines, voire des milliers de personnes en difficulté, traumatisées ou en détresse psychologique a nourri mes écrits. Mes romans surtout, mais les poèmes aussi. Celui-ci en particulier, peut-être.

La majorité des personnes suicidaires sont dépressives, mais la majorité des personnes en dépression ne sont pas suicidaires. La majorité des personnes ayant des idées suicidaires ne passeront pas à l'acte. La majorité des personnes qui passeront à l'acte ne mourront pas de leur tentative de suicide et ne feront pas de seconde tentative. Personne ne veut mourir, on veut juste cesser de souffrir.

Ce que j'ai vécu sur le terrain, et qui m'a étonné, c'est la facilité avec laquelle les gens en crise suicidaire optent pour une autre issue si on intervient au bon moment, si on offre une alternative, un soutien significatif. Je ne dis pas que tous les suicides peuvent être évités, mais plusieurs le peuvent. La plupart, je crois.

On connaît le profil des suicidés. Une grande majorité d'hommes. Avec des problèmes de dépendances, fréquemment aggravés par un trouble de santé mentale. Le passage à l'acte advient après des pertes significatives, souvent des ruptures amoureuses. J'ai déjà coché toutes ces cases, j'ai envisagé de me tuer aussi. Mais quelques liens, de l'écoute, de l'aide professionnelle en temps de crise, ça permet de traverser les pires tempêtes.

Malgré près d'un millier de suicides par année (presque dix fois plus que de meurtres), ces tragédies font rarement les manchettes. Il faut faire circuler l'information, il existe d'excellentes ressources pour aider les suicidaires et les endeuillés à la suite d'un suicide. C'est lourd, c'est épeurant, c'est difficile, mais les personnes en détresse autant que leurs proches doivent aller chercher un soutien professionnel. Ça sauve des vies. 1-866-appelle.

LETTRE D'AMOUR AU QUÉBEC

Une lettre d'amour aux Québécois, aux Québécoises
Ça va de soi, tant qu'on partage
Le territoire et la langue
Que tu t'appelles Aïsha, Mamadou ou Françoise
Même pas besoin de parler le vieux françois
Ou de maîtriser le joual
D'écouter La Bottine souriante
En te gavant de poutine
Juste un minimum de respect, un désir de rencontre
Parle-moi français, ou essaie
Et tu comptes déjà parmi les miens
Pas besoin de charte pour partager quelques valeurs
Un langage, une culture, une nation
Peut-être même un jour, un pays
Grâce à l'argent et aux votes des nouveaux arrivants
Nous vaincrons!... Ou pas

De toute façon, on gagne à exister, à résister
Je le sais, on va me lancer des tomates
Mais si c'est des tomates du Québec, ça me va !

J'avoue que l'indépendance, c'est moins dans le vent
Que nos patriotes pendus au Pied-du-Courant
La lutte est perdue ? Mais la planète aussi
Tu perds ton temps à vouloir installer
L'énergie solaire sur ton toit
Si le bloc t'appartient pas
Et que le proprio s'intoxique au pétrole à tour de bras

La liberté est une finalité en soi
On aura tout le loisir de débattre et de faire nos choix
Quand on sera maîtres chez nous
Agir comme on voudrait être tend à nous faire advenir
Alors jamais deux sans trois, sans toi, à l'avenir
Tant qu'à se conter des histoires
Autant se raconter la nôtre
Envoyer nos poètes, nos scientifiques, nos athlètes
    nous représenter dans le monde
Faire décoller nos avions de l'aéroport Gaston-Miron,
    ou Michèle-Lalonde
Investir dans la culture, se réinvestir en agriculture
Intégrer, échanger, rencontrer les Néo-Québécois
Leur donner envie d'apprendre encore davantage
    notre langue au bout de six mois
Devenir un modèle mondial, leur montrer qu'on peut
    être nationaliste
En étant loin, aussi loin que Pauline Julien, Godin ou
    Falardeau, d'être raciste
Avoir un gros crisse de budget pour valoriser notre art
    de vivre, pour vrai

Et on pourrait choisir pour chaque école, chaque région
Une langue à apprendre
Une langue des Premières Nations
Nous, on ne partira pas en vacances à la plage
Quand viendra le jour de la réconciliation
Entre le bien commun et la fosse commune
Du cynisme politique
Arrête de capoter avec la Loi 96 ou 101
Notre acculturation ferait loi
Sans une législation de base
Minorité colonisée par la force, à force on l'oublie

Tu reconnais pas ma nation ?
On est quittes, moi je ne reconnais pas ta Constitution
You win, mais vous avez triché
Laissez-nous être mauvais perdants, parfois perdus
Mais encore fiers et droits, invaincus
Si on a un genou au sol
C'est pour rester près de nos racines
Alors vive le Québec, et merci à toi,
   si tu l'aimes et en fais partie
Peu importe ton genre, ton parti, tes origines
Le monde est petit, mais le Québec est grand
Encore plus grand quand t'es dedans !

La mondialisation est un processus d'asservissement des citoyens et des nations ; on s'en affranchit par la souveraineté. Plus que jamais. Il me semble tellement évident que le Québec serait plus beau et plus grand en devenant un pays. On aurait une meilleure autonomie, une plus grande marge de manœuvre pour les enjeux primordiaux comme l'écologie, l'économie et la culture. Peu importe la couleur politique que le pays prendrait, ce serait au moins la nôtre. Pas celle d'un Canada qui nous ressemble de moins en moins.

Je ne vais convaincre personne en quelques paragraphes, mais je mets l'épaule à la roue et j'assume mon rêve politique, le seul projet de société révolutionnaire pour le Québec moderne. Ce n'est qu'une opinion, mais elle vibre en moi.

Que vive le Québec.

UNE LANGUE DANS L'ÉCHARDE

Je le sais, j'en ai pas toujours pris soin
Mais je la traîne depuis quatre cents ans
Toute rapiécée, souvent salie
Elle est maganée
Mais j'y suis attaché, ça fait partie de moi
À peu près tout ce qui reste du Nous d'un autre temps
Comme un enfant à sa doudou, je m'y accroche
Je l'aime, je tiens à ma langue
Notre jeune vieux français d'ici, d'icitte
Bien au-delà du joual, de nos québécismes
De nos propres expressions et néologismes
Noble langue en charpie, en peau de chagrin
Trop souvent en berne
Fleurdelisé déchiré, un bout de tissu
Tissu social à raccommoder

Pas besoin de s'en remettre aux stats ou aux graphiques
On le sent, on l'entend, la noyade démographique
Pourtant, on a déjà été tissés serré
On s'est trop laissé manger la haine sur le dos
Pour autant, on n'est pas un peuple de moutons
Depuis nos villages incendiés et nos patriotes pendus
Les petites vites, les commandites
Et les longs couteaux
On connaît le poids des morts, et celui des mots
On refuse de porter le cadavre de leurs préjugés
On a le droit d'être, et d'être une nation qui protège
    sa langue
Ceux qui croient que ça fait de nous des racistes
Devraient tourner leurs langues sept fois dans leur fiel
Avant de nous cracher dessus
L'autodétermination des peuples
C'est bon partout, même chez nous

Moi, je me sens plus proche
D'une caissière d'origine coréenne
Qui essaie de discuter en français
Que d'un « entrepreneur » de Saint-Lin
Qui *think big* avec son *happening* pour *foodies*
Et ses deux langues officielles anglaises
Le traduidu, les faux surpris de McGill et le bilinguisme
    de façade
C'est juste le râle de notre agonie

Durham nous voyait comme un peuple sans littérature,
    sans histoire
C'est triste, mais quelques siècles plus tard
Le *rest of Canada* se détourne encore de nos livres
Et de notre aversion de leur colonisation

Notre avenir ne passera pas
Par des subventions bidon, des quotas
Un plan Nord ou une passe-passe fédérale
Notre seul espoir, c'est de l'amour, de l'argent
Et du temps
Dans l'alphabétisation et la francisation

Les mots n'ont jamais eu autant d'importance
Chargés de sens, on les réassigne, les réinvente
Mais divisés, antagonisés
Peut-on au moins s'obstiner dans la même langue ?

Plus de quatre cents ans derrière, combien devant ?
Ils nous croyaient nés pour un petit pain
Voulaient se faire un pays avec la farine de nos cendres
Nous sommes encore quelques millions à la partager,
    en portage
Si pour toi, ce n'est bon qu'à se torcher
Pour moi, c'est ma nation, ma culture
Un lien commun, notre premier bien commun
Ici pour rester, résister, j'insiste
Pas demain la veille qu'on va se la fermer ou se terrer
Et si un jour, à tout jamais, on décide de le faire
C'est encore en français qu'on va se taire

Un bon garagiste, une comptable compétente ou un coiffeur passionné, c'est important. Certains peuvent changer notre vie, mais rares sont les professions qui affectent le cours de notre existence autant que l'enseignement. Nous avons tous une prof qui a soufflé sur les braises de notre talent, un enseignant qui a su attiser notre motivation à un moment critique. Certains ont aussi connu des profs nocifs, qui les ont humiliés ou découragés. L'enseignement vient avec un immense pouvoir sur les élèves. Noble mission, élever un humain.

J'ai rendu hommage à mes profs phares dans plusieurs chroniques et poèmes. Je profite de cette nouvelle tribune pour saluer ceux qui m'ont accueilli dans leurs classes en tant qu'artiste, celles qui organisent des sorties scolaires pour ouvrir l'esprit des jeunes. Ces profs, ce sont les fameux TLM : toujours les mêmes. Avec un surplus d'âme, ils donnent de la couleur, de l'envergure à leurs écoles. Ils sont plus précieux qu'on le croit et déclenchent des vocations, préviennent des errances tragiques, sauvent des vies. Littéralement. Et littérairement.

J'ai eu la chance incroyable d'animer des ateliers et des conférences dans des écoles du Japon, de la Tunisie, de la France, de la Suisse, du Nunavik et du Québec. La qualité d'écoute et de présence des élèves était toujours directement liée au niveau de dévouement du prof. J'en ai vu pleurer en découvrant la plume ou l'histoire de leurs élèves, il y en a même qui se sont prêtés au jeu et ont lu leurs propres écrits devant leurs étudiants, bouche bée.

Dans ma liste de gratitudes, vers le sommet, se côtoient des dizaines de moments en classe, grâce à des profs allumés qui ont su faire une place à la poésie. Merci !

LETTRE AUX PROFS

La cloche a sonné !
Pas sûr que vous pourrez vous en sortir
Mais bonne rentrée !
Et pour le courage que ça demande
A+ pour celles qui courent
À trouver les meilleurs angles pour animer leurs cours
Qui se donnent sans compter
Et qui comptent dans leur milieu

Ceux à qui les jeunes manquaient dès la mi-juillet
D- à tous ceux dont le cerveau revient de vacances vers
    la fin novembre
Et qui remâcheront leurs vieux plans de cours
Comme une belle Holstein dans le champ d'étude
A+ pour l'avenir des jeunes profs qui pensent à décrocher
Écœurés d'attendre un poste ou d'être en mode gestion
    de crise
Mais qui s'accrochent, on a besoin de relève
Ne laissez pas un organigramme étouffer votre passion
    pour les élèves
C- enthousiasmant quand on pense
Aux problèmes de ventilation
Ouais, le corps professoral peine à respirer
À trouver de la place, de l'air pour créer, enseigner
    à sa manière
Étouffé par un manque de confiance
Et des consignes contradictoires
Monsieur le ministre, prenez donc le temps
De faire vos devoirs
A+ aux professionnels et au personnel de soutien
À celui ou celle qui fera l'effort de plus pour celui qui
    s'épanouit de moins en moins
Les psys, les CO, les API, les TS, et les éducatrices
Qui accueillent, accompagnent, protègent et
    interviennent auprès de nos *kids*
Qu'ils soient perdus dans un corridor ou dans l'existence
Le petit fucké que j'étais
Vous remercie de prendre le temps de faire la différence
A+ à toutes les écoles qui font manger local
Qui transmettent l'amour de la culture et de l'agriculture
Qui organisent des sorties dans les fermes de la Beauce
    ou sur les toits de Montréal

Et A+++ aux écoles, trop rares
Qui investissent autant dans les sciences et les arts
Qu'elles le font dans le sport
T'as des trophées, des banderoles, des gymnases
    et un terrain de 90 verges
Pour ton équipe
Ben viarge, construis des labos, des jardins, des locaux
    d'arts plastiques
Pis organise des virées artistiques
Pour exactement les mêmes montants !
Vos étudiants ont plus de chance d'accrocher
À la poésie
Que de devenir les prochains Gretzky
A+ aux cadres
Qui donnent du temps aux profs pour qu'ils jasent aux
    jeunes dans le cadre de porte
Quand même fou, vous voyez nos enfants
Plus souvent que nous
Alors A++ aux profs qui les aideront à développer leur
    esprit critique
Plutôt que de tout critiquer
Qui présenteront les versions de tous les partis
Sans verser dans la propagande ou l'idéologie
Qui trouveront ce fragile équilibre
Entre la transmission de connaissance
Et la mise au monde d'un esprit libre

Je vous laisse retourner au front
Avec ou sans masque, casque ou plexiglas
A+ aux grands profs qui élèvent l'avenir du monde
En se penchant vers nos enfants
Je vous dis merci, et à plus !

On imagine plus facilement la fin du monde qu'un monde où l'humanité ne provoquerait plus sa propre fin. On produit des scénarios apocalyptiques, dystopiques en masse. En revanche, on en conçoit très peu où on réorganise la société, la répartition des richesses et la gestion responsable des ressources mondiales. Triste et anxiogène.

La transformation de l'environnement n'est plus un concept abstrait, lointain. Le temps joue contre nous. On a déjà les pieds dedans, le sablier est brisé et les sables sont mouvants. Ne nions pas l'évidence, à l'échelle mondiale on a droit aux records de température, aux inondations records, aux records de feux de forêt... Il n'y a que nos efforts qui ne fracassent aucun record.

Si l'avenir m'angoisse, le présent me désole. Mes enfants ne connaissent pas les nuées de papillons monarques de ma jeunesse, les branches chargées de chrysalides au point de faire plier les arbres, disparus les *pits* de sable accessibles où aller jouer, les tourbières pour découvrir les têtards et le cycle de vie des grenouilles. La qualité de l'air qu'ils respirent se détériore. Surtout, vivant dans l'épicentre de la maladie de Lyme, conséquence directe du réchauffement climatique, je dois les habiller et les inspecter avec soin à chaque randonnée dans la forêt.

Ce n'est probablement rien en comparaison de ce qui nous attend au tournant. Si on ne rate pas la courbe.

UN AUTOMNE EN AOÛT

Si Camus a trouvé la force d'un invincible été
Au cœur de son hiver
Rien ne promet qu'un printemps poussera
Dans les cendres de notre automne

On fait de notre mieux
On cherche le vent de changement
Dans le smog, les âcres effluves des particules fines
Une impression de trop peu trop tard
Une distribution de plasteurs
Sur de la gangrène en voie d'amputation
Certains nomment ça de l'écoanxiété

Moi, j'appelle ça du gros bon sens imbibé de réalisme
Quelque chose comme une mort lente
Annoncée au néon

Pas très émotifs de nature, les scientifiques paniquent de leur mieux
De rapports en alertes, de l'OMS au GIEC
Ça capote dans le graphique
Ça s'arrache le poil du schéma
On relaye l'info, on se fait aller le topo, mais dans les faits
On ne change rien, ou si peu
Les grands pollueurs s'en câlissent
Autant qu'affaire se peut…

Vaudrait mieux ne rien prendre au 2e degré
À 1 degré et demi
On aura déjà un bout d'océan dans le salon
Même bourrés de Xanax ou d'Ativan
Plus défoncés que les rues de Montréal
Le réel nous rentre dedans
Canicules, inondations, extinctions, feux de forêt
La maladie de Lyme à Sherbrooke
Pis une tornade à Mirabel !
Comme si de rien n'était, rien n'est fait
Ça pourrait être la cause de toutes les causes
Au-delà des idées toutes faites
De la gauche ou de la drette
Mais non, on laisse ça au gouvernement, qui fera de son mieux
Pas foutu d'arranger le système de santé
Pas foutu d'organiser le système de justice
Pas foutu de réparer l'éducation
Ou de protéger notre langue

Mais on espère qu'il pourra sauver l'humanité ?
    Lolololol
Avec notre statut de province soumise au fédéral,
    soumis à l'OTAN
Soumis au Forum économique mondial
On a autant de chances d'arriver
Au bout de nos aspirations
Qu'un cul-de-jatte tétraplégique dans un marathon

Il faut donc s'en remettre
À la bonne volonté des multinationales
Aux lobbyistes, aux ONG subventionnées ;
    faire confiance à Greenpeace
Comme Greenpeace a fait confiance à Steven Guilbeault
Comme Steven Guilbeault a fait confiance
À Justin Trudeau
Qui va encore continuer d'être en train de tout faire
De son mieux
À grands coups d'oléoducs
Dans toutes les Canadiens et tous les Canadiennes...

Moi aussi je veux faire de mon mieux
C'est mieux que rien
Mais quelles sont mes options ?
Dénoncer la mondialisation sur des plateformes
Devenues les plus grosses entreprises du monde ?
Ou faire un retour à la terre
Sur des terres que plus personne n'a les moyens
    d'acheter ?
Peut-être me jeter dans les bras de l'écoterrorisme
Entre deux capsules de moraline et trois cafés bio
La COP tatouée sur le cœur
Et vingt-huit promesses plantées dans le dos

Si on n'arrive pas à atteindre quelques cibles
On va se manger le cataclysme en pleine gueule
Il est peut-être temps de se contraindre à l'impossible
Parce que tout le monde fait de son mieux
Mais faire de notre mieux, c'est trop peu

LETTRE À STEVEN

Steven, je te dois beaucoup
J'ai pas grand-chose à t'offrir, sinon une lettre, un paquet
    de mots
C'est peu pour un gars qui m'apprend à vivre
C'est souvent par l'universel
Qu'on touche au plus personnel
Et toi tu m'ouvres un univers, philosophe incarné
Des « Merci la vie » plein ton Instagram
À la paume de ton œil, ton âme
Le sourire rivé au visage
Même si le visage est enflé par la chimiothérapie
Moins de 100 personnes atteintes de ta maladie
    au Québec en ce moment
Glioblastome de grade 4, pis y a pas de grade 5
Ça blaste, méchant numéro à la loterie de la fatalité
Tu acceptes ça, tu dis : on se plaint pas le ventre plein !

Dès le premier diagnostic
Quand on t'a ouvert le crâne pour y arracher les tumeurs
Tu acceptes, malgré les séquelles
Les risques que tu meures
Fuck le cancer, OK, mais en gardant le sourire
Y avait juste 10 % de risques de récidive
Mais t'acceptes ça aussi
Même si y a juste 30 % de chances que le nouveau
    traitement te garde vivant
Écoute, je sais pas si c'est moi qui est poche en statistiques
Ou toi qui as tout compris
Aux mathématiques de l'espoir
Mais tu restes à 100 % dans le vivant, l'œil vif et vivace
Qu'est-ce que je ferais à ta place…

J'aurais envie de tout péter, me révolter contre
    l'absurdité, l'injustice
Parce que tu vois, moi je me plains le ventre plein
Même que des fois
J'ai la bouche pleine pis ça goûte rien
J'ai des entrepôts de ressentiment
Pour les cas d'embouteillage, les impôts, les trolls
Et les lundis matin
Avec les esties de lunchs à préparer pour l'école
Mais t'as pas de temps à perdre, toi, t'es en avance
Merci la vie, on va de l'avant
Malgré la maladie, la médication, les crises d'épilepsie
Malgré la rechute alors que tu rêvais de rémission
Même si le monde est gris, pis qu'on peine à aimer
Même pas amer, tu me parles d'éducation, de partage,
    tu t'en fais une mission
On éclate de rire, en se disant qu'on n'a jamais utilisé
    leur théorème de Pythagore

Y auraient dû nous apprendre à vivre
Nos peines d'amour et nommer nos émotions
Mais je te regarde aller
Pis je me dis qu'y est jamais trop tard

T'es beau, Steven
Surtout quand tu me parles de tes enfants
Olivier, Béatrice et Adèle
Au coin des yeux, il te pousse des ailes, tu t'agites
Tu parles plus vite, tu flottes
C'est pour eux aussi, que tu restes fort
Comme ton père, Pierre
Quarante et un ans dans la même *shop*
Ton usine à toi aussi
De père en fils soudés serré
On oublie ce qu'on perd, à gagner sa vie
Y a des matins où le corps est dur à lever
Toi qui as toujours travaillé à fond
Des heures supplémentaires de chimio sur le dos
Et pour manger, devoir faire des levées de fonds
À jongler avec trois nouvelles tumeurs
Et trois enfants à élever
T'es le meilleur, tu ne veux pas penser au pire
Tu souris, tu souffres, tu pleures et tu aimes
Guerrier pacifique, c'est toi qu'on devrait applaudir
Je garde ta photo sur le coin de mon bureau
Comme un rappel
Je te souhaite de vivre encore, de rayonner fort, et loin
T'as raison, la vie est belle
Pis on se plaint pas le cœur plein

Aux funérailles de Steven, un rayon de lumière nous a transpercés, un pied de vent, comme un pied de nez à la fatalité. Trop jeune pour mourir, mort pourtant. Sa famille et ses proches pleuraient dans cette salle où le célébrant tentait d'insuffler une portée spirituelle à la tragédie. Puis, couvrant les sanglots et les gémissements, on a fait jouer une toune des Cowboys fringants. Et Adèle, la fille de Steven, s'est mise à danser à côté du prêtre, spontanément, sans gêne et sans retenue. Tenant à peine sur ses pattes, elle tourbillonnait de vie, la vie de Steven qui se prolongeait à travers elle.

Au moment où je l'ai rencontré, Steven était déjà plein de métastases, mais surtout plein d'amour. Pour la vie, pour ses enfants, pour ses parents, sa sœur adorée, même ses anciennes conjointes, il les célébrait! Oui, c'était confrontant de voir un homme aussi malade, mais lumineux, angoissé et spirituel à la fois, je dirais même numineux. Une expérience extrême se jouait dans son corps et son âme. Il m'a laissé en approcher, m'a offert son amitié, m'a présenté ses proches, accueilli à sa table.

Nos rencontres m'ont longtemps habité, sa mort n'a toujours pas de sens et relève pour moi d'une grande injustice. Je n'ai pas trouvé les mots justes pour exprimer ce que son départ chavire en moi, mais je retiens de lui l'amour… Au moment de mourir, cet homme me répétait qu'il n'y a que ça, l'amour. Il en débordait, pour ses enfants surtout. Pour Olivier. Pour Béatrice. Pour Adèle. J'espère que les enfants de Steven liront ces lignes un jour, et ressentiront que leur père les aimait et les admirait plus que tout, qu'il espérait vivre pour eux. Il peut vivre encore, par eux.

On peut faire du mal pour rien, mais on fait toujours plus de mal au nom du bien. C'est fascinant de voir à quel point les enragés du clavier les plus véhéments sont drapés de vertu, convaincus de connaître les intentions de l'adversaire, de comprendre la mécanique du monde ou de défendre une cause plus importante que la simple décence. Leur sentiment de supériorité morale leur donne de l'élan. Et une fois lancés, ils peuvent se rendre loin, trop loin.

En marge des insultes et menaces qui émaillent le monde virtuel, la haine a suinté dans mon quotidien. Il y a quelques mois, une arrestation a eu lieu pour menaces de mort à mon endroit. Du sérieux. Ces dernières années furent les plus violentes de mon existence, plusieurs enquêtes policières sont d'ailleurs en cours pour une série de délits : lame de rasoir dissimulée dans mes souliers, dans ma voiture, pneus crevés après deux spectacles, diffamation criminelle, vandalisme sur ma maison, entre autres petits désagréments…

Le point commun de ces actes : la lâcheté. Sans confrontation directe ni possibilité d'explication ou de riposte. Cachés dans l'ombre ou derrière leurs écrans, mes ennemis n'ont asséné que des coups vicieux. Si la fin ne justifie pas les moyens, les moyens utilisés en disent long sur la finalité espérée. On ne souhaite ni justice ni bataille ici, que de la violence, de la haine agissante.

Belle occasion de pratiquer mon stoïcisme ; quand il pleut, il faut laisser pleuvoir, et quand ils crachent, il faut laisser cracher. Mais assurer sa sécurité, quand même. Je demeure sur mes gardes et j'espère que les enquêtes calmeront la hargne de mes sournois contempteurs.

Au-delà de mon expérience plus que désagréable, je constate une montée des haines, un essoufflement de la tolérance et une glorification des positions radicales dans l'espace public. Des communautarismes idéologiques se braquent les uns contre les autres, les règlements de comptes sur les réseaux sociaux comblent le vide laissé par un système de justice désavoué et trop souvent désincarné, les insultes et la calomnie sont banalisées.

Je ne vois pas de solution à court terme, il faudra du temps et une ferme volonté politique et populaire, mais je partage un constat maintes fois entendu : le tissu social s'étiole. Nous devrons passer par l'éducation ; apprendre à vivre avec le désaccord, avec l'autre dont le désaccord nous heurte. À l'école comme à la maison ou dans la rue. Peut-être verrons-nous un retour du balancier, trouverons-nous un chemin vers le débat et la civilité. Nous ferons société.

LETTRE D'AMOUR À LA HAINE

Je te haine, moi non plus
J'ai seulement lancé un caillou, comme tout le monde
Je n'ai pratiquement lapidé personne
Après tout, l'important, c'est de participer...
Mais pour inciter à la haine, exciter au mépris
Il y a forcément méprise
C'est toujours par manque de jugement que l'on
    condamne les autres
Et tous ceux qui gueulent « Mort aux cons ! »
Devraient prendre le temps de prendre leur pouls
Qu'on ne partage pas une opinion, ou qu'on se croie
    porteur de la vérité
On devrait mettre un peu d'eau
Dans notre vin(dicatif) présent

À force de juger tout le monde, tu risques de tomber
    sur toi
L'indulgence, c'est comme une brosse à dents
On préfère toujours garder la sienne pour soi
J'ai goûté à la médecine, une médecine qui pratique
    encore la saignée

OK, j'ai couru après, fallait y penser avant
Parfois j'ai été baveux, provocant, désolé
Je le saurai, faut pas se placer sous l'œil de Sauron
Mais je ne voulais insulter personne
Juste donner mon opinion

Avec sept millions six cent trente-trois mille vues,
    j'aurai tout lu
De l'amour en masse, merci
Mais aussi de grandes absurdités
« Tes romans sont trop durs, tes poèmes sont trop
    doux. »
« Tu parles trop vite, pis t'as les dents croches… »
« T'es un *bully*-misogyne-sans talent-charogne-pervers
    narcissique qui place ses fantasmes violents dans
    ses écrits ! »
Euh, non, désolé pour le procès d'intention
Mais je ne suis rien de ça
C'est trop pour moi, « ouuuuh oui, c'est trop pour moi »
D'ailleurs, tant qu'à y être
Ni Safia Nolin ni Maripier Morin ne méritent la mort
Anaïs Favron n'est pas une naine insignifiante
Normand Baillargeon est tout sauf un facho
Personne ne devrait incendier l'UQAM
Et même s'il est loin d'être l'élu de mon cœur
Je ne pense pas que Justin Trudeau
Soit le pire des dictateurs

Retrouvons notre calme
Personne ne mérite d'être traité de cave
Pour ses opinions
Pour une prise de position ou une autre
Les réseaux sociopathes font des chambres d'écho

Où les énormités qu'on n'oserait pas se dire dans le
 blanc des yeux
Nous enfoncent une poutre dans l'œil
Personne ne s'épanouit dans ces relations
 d'amour-haine sans amour

Alors, pour mon dernier tour de piste, avant de faire
 mon deuil
Je lance un vœu pieux, pour celles qui le veulent
Ceux qui le peuvent
Pour les moins atteints parmi nous
Qu'on ne se pisse plus à la gueule
Qu'on crache un peu moins de fiel
T'inquiète, j'ai pas la tête dans le cul
Mais pas trop de merde dans le cœur non plus
Je ne rêve pas d'un Internet nettoyé de ses trolls et
 de sa cruauté
Mais juste d'une trêve, un deux secondes de recul
Avant de vomir ses humeurs, sa bile ou ses rumeurs
Juste prendre conscience
De la taille de la tumeur que l'on nourrit
Et de l'exemple qu'on donne

On pourrait s'écouter
Même si on n'arrive pas à s'entendre
À porter de lourds jugements, on développe juste le
 muscle du mépris
Alors sans rancune, sans rancœur
Je retourne à mes écrits
Plein d'amour aux téléspectateurs
Et bisous aux jaloux !

Avec le temps, je deviens automne. Je laisse tomber mes feuilles, mes rêves de grandeur et autres futilités. Je ne tiens plus à grand-chose, mais je tiens à mes enfants et les tiens fort contre mon cœur. Pour eux, je regarde devant et j'arrive parfois à écrire des textes avec un certain souffle, un élan vers d'autres printemps.

Ce poème d'avril me suit depuis des années. À la radio régionale, d'abord. Je le croyais trop personnel pour rejoindre un large public, mais c'est souvent par le personnel en soi qu'on rejoint l'universel en l'autre.

Il a connu quelques modifications et une deuxième vie sur mon album *Le Nouveau Matériel*, coproduit avec Manu Militari. On voulait pousser la lecture plus loin, en faire une performance, l'appuyer sur une musique. J'en ai fait une version dédicacée pour mon gars, ma fille ayant déjà tout un recueil de poèmes pour elle, *Testament de naissance*. Il fallait un texte pour mon fils.

J'ai regretté de ne pas avoir ajouté une ligne pour ma fille sur la version de l'album, c'est un message pour mes deux enfants, ce texte… J'ai donc placé mon fils comme narrateur, au cœur de mon premier livre jeunesse, *La Réparation de mes parents*. Et j'ai peaufiné le poème une troisième fois, pour la télé, en offrant cette lettre à toutes celles qui ont besoin d'une tape dans le dos, tous ceux qui ont besoin d'un coup de pied au cul, un coup de main au cœur. Et pour mes enfants, surtout. Éléane et Guillaume.

C'est l'idéal pour moi, terminer ce livre avec des vœux pour eux. Mon seul présent est leur avenir. Ils me permettent de grandir, encore, un peu.

POÈME D'AVRIL

En avril, ne te découvre pas d'un fil
Mais de quel fil parle-t-on ?
Le fil des jours, le fil de l'eau
Non, le fil conducteur, ou mieux
Le fil directeur de ton existence
En avril, ne te découvre pas du fil de ta cohérence
Ne te couvre pas de honte
Face au *kid* qui vit encore au fond de toi

Accroche-toi, passe pas trop vite au plan B
Laisse personne pisser dans tes espoirs
Cracher sur tes rêves
Deviens celui que tu dois être
Celle qui demande à naître et n'être rien d'autre
    qu'elle-même

C'est compliqué
Être sa propre solution leur cause bien des problèmes
À tous ces nécrosés du libre mouvement
De la libre pensée
Mais tous ceux qui ont besoin de nous caser
De nous peser
Il leur manque une case et ils ne font pas le poids
Aime, rêve, désire et souffre

En avril, ne te couvre pas de malheur
En lâchant le fil de tes idées, de tes idéaux
Rêve loin, fort et haut
Quitte à te planter, au moins t'auras de l'élan
C'est si facile d'être moins que le quart de la moitié
    de soi-même
De se lever pour rien, de se traîner pis de se plaindre
La vie à rabais en vingt-sept versements
Sans ravissement
Se perdre et perdre son temps à plaire aux autres
C'est bon pour les chiens
Sauve-toi de la fourrière
Lustrer les barreaux de sa cage
N'est pas un geste révolutionnaire

Dis-moi, tu fais quoi de la seule vie que t'as
Qui t'échappe déjà ?

Le prépares-tu, ton grand voyage ?
Te lances-tu en affaires ?
Ton film, ton livre, l'as-tu écrit ?
Pis ton cœur, ton cœur écœuré de l'ordinaire
Ton cœur meurtri, l'as-tu mis sur la table
Devant l'amour de ta vie ?
Hein, y as-tu dit ?
Sois le printemps, laisse bourgeonner ta folie furieuse
Rentre dans le tas, rentre en toi, existe !
En avril, ne te découvre pas du fil de l'épée
Que tu as sur la gorge
Ici, personne s'en sort vivant
Mais plusieurs en sortent sans avoir vécu
Monte au front, monte sur le ring
La vie vaut la peine d'être vaincue, et aimée
Même dans les heures amères
Même blessé ou trahi

Infidèle aux autres, pour être loyal à toi-même
Coupe les fils pleins de nœuds qui te lient aux crottés
Qui te prennent pour un crétin, un pantin sans fils
File tout droit, rien ne devrait t'écarter de toi
De ce qui t'allume, ce qui te brûle, de ton essence

Reste dans la cohérence
Ne te perds pas dans la foule
Ne te foule pas la conscience
À faire comme tout le monde
Tout le monde se trompe souvent

Du fil de ta pensée aux fils conducteurs
Des ventricules à l'aorte
Garde le fil directeur de ton cœur de ti-cul

Reste curieux, allumé, sensible
Et du mois de mai jusqu'au mois d'avril
Ne te découvre pas d'un fil, mon fils
Couvre-toi de courage, ma fille.

LETTRE AUX ALCOOLIQUES ET AUX DÉPENDANTS
Diffusée le 2 juin 2021

 Narcotiques anonymes

 Alcooliques anonymes

 Liste des ressources
certifiées en dépendances

LETTRE AUX PETITS GARS
Diffusée le 18 avril 2021

 Centre d'aide aux victimes d'actes criminels (CAVAC)

 Réseau d'aide aux hommes pour une société sans violence

 Regroupement des maisons pour femmes victimes de violence conjugale

SURVIVACES, AVEC GENEVIÈVE RIOUX
Diffusée le 17 mai 2022

 Recueil *Survivaces*

 Article sur l'agression

 Site de la poète

Les extraits du recueil *Survivaces* sont reproduits avec l'aimable autorisation des Éditions Mémoire d'encrier.

OUI, MAIS MAI
Diffusée le 23 mai 2023

 Recueil *Vif oubli*

LETTRE AUX AÎNÉS
Diffusée le 19 juillet 2021

 Fédération de l'âge d'or du Québec (FADOQ)

GISÈLE EN JUIN
Diffusée le 27 juin 2023

 Vidéoclip de la chanson *Mémoires*

LETTRE À LA MALADIE MENTALE
Diffusée le 5 mai 2021

 Mouvement santé mentale Québec

 Regroupement des ressources alternatives en santé mentale du Québec (RRASMQ)

 Arborescence Québec

LETTRE AUX MAL-AIMÉS
Diffusée le 18 avril 2022

 Association québécoise de prévention du suicide (AQPS)

 Regroupement des centres de prévention du suicide du Québec (RCPSQ)

 Centre de recherche et d'intervention sur le suicide, enjeux éthiques et pratiques de fin de vie (CRISE)

LETTRE D'AMOUR AU QUÉBEC
Diffusée le 23 juin 2022

 OUI Québec

UNE LANGUE DANS L'ÉCHARDE
Diffusée le 5 septembre 2023

 Mouvement Québec français

 Le Robert illustré

LETTRE AUX PROFS
Diffusée le 26 août 2021

 Alloprof

 Réseau éducation collaboration innovation technologie

 Livre *J'en appelle à la poésie*

UN AUTOMNE EN AOÛT
Diffusée le 2 août 2023

 Groupe d'experts intergouvernemental sur l'évolution du climat (GIEC)

 Mères au front

LETTRE À STEVEN
Diffusée le 23 juin 2021

 Société canadienne du cancer
Faire un don

 Fondation canadienne des tumeurs cérébrales – Glioblastome

LETTRE D'AMOUR À LA HAINE
Diffusée le 9 septembre 2021

 Fonds d'aide aux victimes d'actes criminels (FAVAC)

POÈME D'AVRIL
Diffusé le 20 avril 2023

 Album *Le Nouveau Matériel*

 Performance *Poème d'avril*

 Site d'auteur de David Goudreault

❶ Restez à l'affût des titres à paraître chez Libre Expression en suivant Groupe Librex :
facebook.com/groupelibrex

editions-libreexpression.com

Cet ouvrage a été composé en Adobe Caslon Pro 12,25/15,3
et achevé d'imprimer en octobre 2023 sur les presses
de Marquis imprimeur, Québec, Canada.

Imprimé sur du papier contenant 100% de fibres recyclées durables,
fabriqué avec un procédé sans chlore et à partir d'énergie biogaz.